27n
150

# DISCOURS

Prononcé sur la tombe

## DU D<sup>r</sup> J.-B.-ARTHUR

# ARTHAUD DE VIRY

MÉDECIN EN CHEF DE L'HOPITAL CIVIL DE ROANNE

CHEVALIER DE LA LÉGION D'HONNEUR

## Par M. le Docteur COUTARET

CHIRURGIEN DUDIT HOPITAL

ROANNE, IMPRIMERIE CHORGNON ABEL.

Messieurs,

La mort vient d'arracher à la famille médicale
roannaise un de ses plus vieux et plus dignes repré-
sentants ; elle a, du même coup, jeté sur notre ville
un immense voile de deuil, et semé dans tous les
cœurs une profonde tristesse.

Le docteur Jean-Baptiste-Arthur Arthaud De Viry
est enlevé pour toujours à ses malades et à ses amis ;
il a succombé à une longue et cruelle maladie, en
faisant preuve jusqu'à la dernière heure d'une douce
résignation, suprême couronnement d'une carrière
bien remplie.

Devant le nombreux cortége qui s'empresse autour
de cette tombe, devant l'expression sincère d'un désespoir qui rappelle une calamité publique, je sens

mes forces défaillir, parce que je ne suis pas à la hauteur de ma mission, parce que ma voix est trop faible pour oser se faire l'interprète de la douleur commune. J'obéis simplement à l'inspiration de mon cœur; il me semble que l'amitié dont m'honorait De Viry me protége encore sur le seuil de sa dernière demeure.

Je n'ai pas l'espoir d'apporter des consolations à vos chagrins. Je veux, au contraire, pleurer avec vous celui qui n'est plus, et esquisser à grands traits l'histoire de sa vie; ce sera un moyen de prolonger pendant quelques instants, par delà la tombe, nos relations avec lui.

Arthur de Viry est né à St-Germain-Laval le 26 septembre 1802; il a exercé pendant quarante ans la médecine dans cette ville. Ses succès au collége firent préjuger d'avance de son brillant avenir. En 1825, il était nommé chirurgien interne des hôpitaux de Lyon, et déjà, en 1828, il recevait solennellement des administrateurs des hospices le prix d'Émulation, la plus belle récompense de son travail persévérant et de son zèle infatigable ; c'était noblement débuter dans la vie médicale !

Depuis cette époque, il a prouvé qu'il savait tenir ce qu'il promettait. En 1828, il passait à Montpellier une thèse brillante, intitulée : « Considérations histori-« ques, philosophiques et critiques sur cette question : « Quelle peut être l'application de la théorie à l'art de « guérir, considérée dans ses véritables fondements? » Cette thèse, fort remarquable et très-remarquée, était conçue dans l'esprit d'une époque de transition, où les doctrines médicales allaient devenir une cause de guerre intestine, où Broussais levait bien haut l'étendard de l'anatomisme pour s'ensevelir, peu d'années après, au milieu de son triomphe, sous les ruines de son système.

En 1828, De Viry débutait à Roanne sous les auspices de son oncle, dont le souvenir légendaire est conservé dans toutes les mémoires, dont la longue expérience et la réputation étaient un sûr garant des succès du neveu. Le jeune docteur sut bien vite juger combien la pratique de ce vieux médecin était supérieure aux théories de l'École ; il profita des leçons du maître, et la mort de son oncle le trouva prêt à fournir une carrière, sinon plus brillante, du moins aussi remarquable par ses guérisons au lit du malade que par son dévouement à la cause de l'humanité souffrante.

Sa renommée grandit rapidement ; et déjà, en 1832, il était nommé membre du conseil d'hygiène et médecin des épidémies ; — en 1835, médecin de l'hospice de Roanne ; — en 1839, membre du bureau de bienfaisance ; — en 1843, conseiller municipal ; — en 1844, membre du conseil d'administration et médecin du collége de Roanne ; — en 1853, membre de la commission de statistique ; — en 1854, archiviste-bibliothécaire de la ville, et médecin assermenté des fonctionnaires publics ; — en 1862, administrateur et médecin des prisons. Et, comme si ce n'était pas assez de ces lourdes charges, il était encore membre du conseil de fabrique de Notre-Dame-des-Victoires, et administrateur de la caisse d'épargne.

Distribuant son temps entre les malades et les diverses fonctions gratuites dont la confiance publique l'investissait, il cédait encore aux vœux de ses concitoyens en acceptant, en 1848, le poste envié de capitaine de la garde nationale.

Cette abnégation absolue des intérêts personnels, ce dévouement à la chose publique, sans espoir de compensation pécuniaire, entraînaient, il est vrai, après eux, une douce récompense : celle de la satisfaction intime du devoir accompli sans ostentation, et de l'hommage rendu au mérite et au désintéressement. Cet hommage à la vertu civique devait bientôt se traduire par un acte de haute justice : en 1852, De Viry était décoré de la Légion d'honneur par les mains mêmes du Prince-Président. Nous dirons dans un moment les détails touchants qui ont précédé et accompagné cette nomination.

Ces nombreuses occupations étrangères à sa profession, les soucis d'une clientèle empressée, exigeante, et à laquelle il sacrifiait même les heures de son sommeil, ne l'empêchaient pas de publier des écrits de médecine, d'hygiène et d'économie sociale, inspirés par les besoins du jour. Nous avons de lui :

1º Une Notice historique sur J.-B. Arthaud De Viry (1834);

2º Un Examen critique d'un ouvrage homœopathique intitulé *la Médecine jugée par les médecins* (*Echo de la Loire,* 13 novembre 1842);

3º Rapport sur l'établissement gymnastique du collége de Roanne (*Conciliateur roannais,* 13 mars 1847);

4° La Question des inondations de la Loire, par rapport à la ville de Roanne (*Conciliateur*, 7 avril 1847);

5° Dans le *Conciliateur*, divers articles sur les précautions hygiéniques commandées par l'effet de l'inondation ;

6° Un Mémoire présenté à la commission municipale, « sur les intérêts de la ville de Roanne qui se rattachent au maintien du chemin de fer sur la rive droite de la Loire (novembre 1853). » Ce rapport, approuvé par la commission, a eu l'honneur d'être présenté par elle à MM. les ministres.

Ainsi, quarante ans de pratique médicale, trente-trois ans de pratique hospitalière, vingt-cinq ans de participation à l'administration municipale; douze autres fonctions gratuites remplies avec une intelligence et une activité, dignes du plus grand éloge; plusieurs travaux littéraires éminemment utiles par leur application à la salubrité et à la prospérité de la ville, — voilà le bilan de l'homme que nous avons perdu.

Vous l'avez tous vu à l'œuvre, Messieurs, et vous saviez l'apprécier. Moi, j'ai mieux connu le médecin, et, pendant le peu de temps que j'ai vécu dans son intimité, j'ai peut-être appris à le regretter davantage. Il avait assisté à la lutte des grandes doctrines médicales; il avait vu tour à tour Barthez, Broussais, Bouillaud, Andral, Cruvelhier et Trousseau, se disputer la palme. Loin de se laisser séduire par les brillantes conceptions des novateurs, il choisit dans leurs travaux, tria l'ivraie de la bonne semence, et devint en fin de compte un fervent apôtre de la médecine hippocratique. Il ne s'était point trompé, car cette médecine vitaliste a seule traversé les siècles et résistera jusqu'à la fin de l'humanité aux attaques des théoriciens, parce que, seule, elle est fondée sur l'observation la nature.

Profondément versé dans la science de la thérapeutique, qu'il étudiait sans cesse, il s'était fait une pratique à lui ; et c'est à cette pratique, maintenue au niveau de la science par les études assidues du cabinet et la lecture incessante des ouvrages modernes, que tant de malades ont dû le soulagement de leurs maux et la conservation de leur existence. Bien pénétré de l'efficacité de ses moyens, il voulait suivre un malade jusqu'au bout, et exigeait de lui une obéissance passive à ses prescriptions. Il avait horreur de ces dangereux produits que la chimie extrait aujourd'hui des plantes et des minéraux, et qui se pèsent dans des balances de précision ; il se fiait peu à ces médications clinquantes qui font pendant quelque temps la réputation d'un écrivain, mais qui ne peuvent pas subir l'épreuve de l'expérimentation clinique. Le malade était sacré pour lui ; il devenait son ami, et, pendant le cours de ses souffrances, on voyait le docteur préoccupé travailler le jour, travailler la nuit, pour prévoir une crise, la favoriser au besoin, et prodiguer, dans l'intérêt seul du patient, ses visites et ses veilles. Plus le mal était grave, plus De Viry était rempli de sollicitude : il partageait les inquiétudes de la famille, les ressentait avec une vivacité tout exceptionnelle, et sacrifiait, sans y songer, sa robuste santé pour arracher au trépas celui qui, plus tard, lui conservait, au fond du cœur, une reconnaissance sans borne.

Comment s'étonner après cela du nombre des amis qui avaient en lui une foi aveugle? Pourquoi être surpris de l'immense douleur qui retentit aujourd'hui dans les familles? La réputation d'un médecin peut sans doute être due quelquefois au succès éphémère d'un moment, à la réunion de circonstances fortuites, qui poussent prématurément un homme au premier rang; mais celle qui a résisté à quarante années d'exercice de la profession est une renommée de bon aloi, qu'il est difficile d'acquérir sans un talent solide et une intelligence parfaite de son art.

Les malades étaient, aux yeux de De Viry, placés tous au même degré de la hiérarchie sociale : le pauvre comme le riche avait une part égale dans la distribution de sa bienveillante activité. Dans toutes ses études, dans toutes ses actions, il avait d'abord en vue le bien de ses frères, et oubliait entièrement son intérêt personnel, le soin de sa réputation et de sa fortune.

Il fallait le voir à l'hôpital, au chevet des malheureux; il les connaissait tous, et tous le connaissaient. Ses médications y étaient aussi bien étudiées que dans la somptueuse maison des puissants du jour; il surveillait avec autant d'ardeur les péripéties de leurs maladies que celles des nobles châtelains, et obtenait dans les salles de l'hospice des succès remarquables dont il aimait à causer familièrement. C'est qu'il connaissait mieux que personne le plus beau privilége du médecin, la modeste reconnaissance du pauvre, qui, passant près de lui, se découvrait et disait tout bas : « Il m'a sauvé la vie. »

Il était, du reste, généreusement secondé dans cette difficile mission par les Sœurs hospitalières, qui ne comptent pas avec leur dévouement. Pour elles, De Viry était plus qu'un médecin, c'était un vieil ami ; c'était l'homme qui, dans toutes les circonstances difficiles, leur avait prodigué son influence, son temps et son expérience ; c'était le praticien habile qui, depuis plus de trente années, sous leurs yeux, versait un véritable trésor de ressources médicales pour disputer à la mort des milliers de victimes, dignes du plus grand intérêt, à cause de leur misère et du désespoir de leurs familles.

Si les vœux de ces bonnes Sœurs avaient pu arrêter la main de Dieu et détourner de sa tête le coup fatal, De Viry serait encore au milieu de nous. Mais rien n'entrave les lois de la Providence, ni l'ardente supplication des vierges consacrées au Seigneur, ni la prière passionnée des cœurs reconnaissants. Demandez plutôt à ces religieuses attristées si elles sentent vivement la perte irréparable qu'elles viennent d'éprouver ; elles vous répondront par des sanglots... et ceux-là partent du fond de l'âme !

C'était en 1852 ; le Prince-Président traversait notre ville, et les autorités allaient lui présenter leurs hommages. De Viry, au milieu d'elles, était à la sous-préfecture, perdu dans la foule. On l'appelle, on le présente au Chef de l'Etat. Il s'avance tremblant, confus de cet honneur : « Les Dames de l'hospice, « dit le Président de la République, sont venues

« me demander pour vous la croix de la Légion
« d'honneur; portez-la dès ce jour, elle est une
« récompense méritée de vos longs services. »

Est-ce assez touchant, cet échange de sentiments
délicats et de mutuelle estime ? Un homme est jugé.
quand il a su inspirer un aussi grand attachement à
des Dames qui ont vécu pendant tant d'années de sa
vie de médecin et ont été chaque jour témoins de sa
pratique hospitalière.

La douce nature de De Viry ne se démentait jamais.
Les vieux médecins trouvaient en lui un confrère des
plus obligeants; dans les consultations, il leur cédait
la première place ; il s'effaçait aux yeux du malade,
et, lorsqu'il avançait une médication qu'il savait effi-
cace, il avait le talent de paraître se la faire proposer.
C'est ainsi qu'il ménageait, avec une grande délica-
tesse, au détriment de sa réputation, l'amour-propre
de ses collègues, qui garderont de lui un religieux
souvenir. Les jeunes docteurs respectaient en lui la
solidité des connaissances et le tact du praticien
éprouvé. Lui, à son tour, savait apprécier la sûreté
du coup d'œil et l'enthousiasme de la recherche de
la vérité, qui sont d'ordinaire l'apanage de la jeunesse.
Il accueillait les nouveaux venus avec une bien-
veillance toute paternelle, leur faisait profiter de son
expérience et s'efforçait à leur rendre facile la route
dont il connaissait les difficultés et les obstacles.

De Viry avait l'abord froid, la forme rude en ap-
parence, et cependant son âme débordait de bonté.
Mais de même que les cœurs aimants sont fatalement
enclins à la jalousie, ce défaut d'une bien rare qualité,

de même aussi De Viry ne pouvait se défendre d'une certaine susceptibilité : c'est l'unique cause des chagrins qu'il a éprouvés dans sa vie. Trop bon, trop faible peut-être, pour aller droit au but et éclaircir des faits qui, le plus souvent, n'avaient pas l'importance qu'il leur attribuait, il traînait au flanc la flèche empoisonnée, au lieu de l'arracher vigoureusement et de la jeter au loin avec courage. Si encore il avait voulu confier à de rares amis les sujets de ses peines, on aurait pu répandre sur sa blessure un baume consolateur ; mais il préférait concentrer en lui-même ses chagrins et les ressentir plus vivement et plus longtemps. Son âme généreuse ne connaissait que le pardon et l'oubli; hélas ! la vie est semée d'épreuves ; les jours de joie sont bien rares, si on compte les mauvaises journées ; De Viry a dû bien souffrir ! Aujourd'hui il a touché le port et trouvé, après un long voyage, le calme parfait et la paix profonde.

Débarrassé des soucis de ce monde, il repose pour toujours, laissant après lui une longue traînée de services rendus et de regrets amers. Mais ceux qui restent pour le pleurer sentent, à cette heure, tout le vide qu'il fait au milieu d'eux. J'en appelle au témoignage des malades qu'il a soignés pendant des crises douloureuses et prolongées ; à celui des amis qui ont vécu dans son intimité et profité de ses bons conseils comme de son affectueux dévouement ; j'en appelle à sa malheureuse famille, qui ne peut pas se consoler de cette mort prématurée !

Je l'ai vu sur son lit de souffrance, entouré de ses parents désolés, de sa femme et de ses enfants, s'oubliant lui-même pour penser à chacun d'eux, leur prodiguer des consolations, modérer les élans de leur sollicitude, et, dominant les frissons de la dernière heure, leur imposer tour à tour un repos nécessaire pour continuer des soins que des personnes étrangères étaient incapables de remplacer. Ce n'était point de l'affection ; c'était un culte que les siens lui avaient voué. Pauvre femme, pauvre mère ! vous pleurez sans espoir ! pleurez encore pour soulager votre cœur ! Puissent ces paroles adoucir votre douleur, vous qui avez été sa compagne dévouée.

Je ne veux pas vous consoler, Octave; vous êtes son fils et l'héritier de ses vertus. Pour vous, il a fait ce que l'amour paternel seul peut inspirer et mener à bien : à l'âge où les notions théoriques sont oubliées, à cet âge où l'on n'apprend plus, il s'est remis sur les bancs de l'Ecole ; il a recommencé des études ingrates et fatigantes, pour vous déguiser l'aridité de la route et vous conduire plus sûrement au but. Plus tard, il vous a inculqué, auprès de ses malades de l'hospice, les principes sévères qui feront de vous le digne successeur de ce père regretté. Marchez avec fermeté dans cette voie illustrée par deux générations de votre famille : c'est le meilleur moyen de rendre hommage à leur mémoire vénérée.

C'est ainsi que De Viry comprenait la vie ; c'est ainsi qu'il l'a traversée. Dégageant son esprit des instincts grossiers et vulgaires, il s'est efforcé de semer le bien sur la route, afin de rendre à son Créateur une âme purifiée par l'amour et la charité.

Arrivé à la fin de ma tâche pénible, j'éprouve une

poignante douleur; il me semble que ce retour dans le passé a ravivé mes regrets. La mort serait-elle donc un dernier mot ? Non, sans doute. Notre tour viendra, demain peut-être, d'aller rendre compte, au Maître suprême, de notre vie terrestre. Là nous retrouverons ces amis dont nous sommes séparés aujourd'hui par le tombeau, et notre réunion sera éternelle !

Au revoir, De Viry ; dors en paix dans le sein de Dieu !

Roanne, imp. Chorgnon

BIBLIOTHEQUE NATIONALE DE FRANCE
3 7502 01002555 1